Ute Schröder, Carmen Eisendle

FINGERPUPPEN-GESCHICHTEN für die KLEINSTEN

Lustige Tierreime zur Sprachförderung

Verlag an der Ruhr

Impressum

Titel
Fingerpuppen-Geschichten für die Kleinsten
Lustige Tierreime zur Sprachförderung für Kita, Krippe und Tagespflege

Autorin
Ute Schröder

Illustrationen
Tiere: Carmen Eisendle, Icons: © TVhappyLine – Shutterstock.com

Lektorat
Verena Hafner, TEXTPUNKT, Wehringen

Druck
Salzland Druck GmbH & Co. KG, Staßfurt, DE

Verlag an der Ruhr
Mülheim an der Ruhr
www.verlagruhr.de

Geeignet für Kinder von 0–3 Jahren

ISBN 978-3-8346-66430-3

Die **Fingerpuppen-Vorlagen** zum Downloaden können unter folgendem **Link** abgerufen werden:
cloud.verlagruhr.de/lerninhalt/r2hZNLtd1MMm/

Passwort:
24Finger_Puppen

Wenn Sie die Kopiervorlagen auf Ihrem mobilen Endgerät (Handy, Tablet) aufrufen möchten, scannen Sie den oben stehenden QR-Code ab und öffnen Sie die Dateien. Wir empfehlen, die Dateien zeitnah zum Kauf des Produkts herunterzuladen, da der angegebene Link und der QR-Code ihre Gültigkeit verlieren können. Sollte dies der Fall sein, wenden Sie sich bitte an: digitaleslernen@verlagruhr.de

Inhaltsverzeichnis

Fingerpuppen-Geschichten

Vorwort

Liebe Leser*innen[1],

ich freue mich, dass Sie Ihre Kinder mit Fingerpuppen-Geschichten begeistern wollen! Aus meiner Erfahrung lieben besonders jüngere Kinder Tiere und Puppen. Ebenso sehr interessieren sie sich für Geschichten und Reime. Die **24 Reimgeschichten für Fingerpuppen** in diesem Kartenset vereinen genau diese Vorlieben in jeweils einer Geschichte pro Tier. Kurze, einladende Titel, wie „Die verschwundene Ente" oder „Der fliegende Pinguin", führen die Kinder zu einfachen und verständlichen Geschichten.

Reime eröffnen viele Möglichkeiten, vor allem die **sprachliche Entwicklung** zu fördern. Mit dieser speziellen Lautstruktur können auch Kleinkinder Sprache einfach entdecken. Durch den Sprachrhythmus und den Klang von Reimen prägen sie sich die Wörter schneller ein und verstehen den Sinnzusammenhang besser. So erweitern sie ihren Wortschatz, verinnerlichen den Sprachgebrauch und üben beim Mitsprechen ihre Artikulation.

Durch den Einsatz von Fingerpuppen in Verbindung mit Sprache werden außerdem weitere Sinne der Kinder angeregt. Die **Visualisierung der Geschichten** fördert nicht nur Neugierde, Aufmerksamkeit und Emotionalität. Durch das Zusammenspiel von Sprache und Fingerpuppen fällt es den Kindern auch leichter, Inhalte zu verstehen und die Geschichten ganzheitlich zu erfassen.

---

1 Der Verlag an der Ruhr legt großen Wert auf eine geschlechtergerechte und inklusive Sprache. Daher nutzen wir das Gendersternchen, um sowohl männliche und weibliche als auch nichtbinäre Geschlechtsidentitäten einzuschließen. Alternativ verwenden wir neutrale Formulierungen.

Hinweise für die Praxis

Jede Karte enthält eine Reimgeschichte inklusive kurzer **Anleitungen**, wie diese mit Händen und Fingerpuppen gespielt werden kann. Alle Geschichten sind mit handelsüblichen Fingerpuppen zu begleiten – **ganz ohne Vorbereitung und Zusatzmaterial**! Alternativ können auch Handpuppen zum Einsatz kommen, sofern Sie die Spielanleitungen geringfügig anpassen.

Die Rückseite jeder Karte beinhaltet jeweils eine **Variante mit optionalem Zusatzmaterial**, um das Spiel für die Kinder noch interessanter und anschaulicher zu machen.

Zusatzmaterialien können sein:

- selbst gefertigte Gegenstände aus Knete, Ton, Salzteig, Wolle, Stoff, Filz etc. (z. B. Wurm, Wiese, See)
- selbst gefertigte Applikationen aus Tonpapier, Karton oder Moosgummi (z. B. Sonne, Wolke, Haus)
- Spielmaterial (z. B. Tierfiguren, Bausteine, Ball)
- Zubehör aus der Puppenstube (z. B. Tisch)
- Puppengeschirr (z. B. Topf, Schüssel)
- Zubehör aus dem Kaufmannsladen (z. B. Kuchen, Möhre)
- Naturmaterial (z. B. Stein, Blume, Laubblatt)
- Alltagsgegenstände (z. B. Schachtel, Dose, Papprolle)
- Lebensmittel (z. B. Nuss, Kirsche)

Sollten Ihnen bestimmte Fingerpuppen fehlen, können Sie die **fertigen Vorlagen im Downloadbereich** (siehe QR-Code im Impressum) nutzen: Hier finden Sie jedes Tier zum Ausdrucken, Ausschneiden und Zusammenkleben – fertig sind die Fingerpuppen aus Papier!

Hinweise für die Praxis

Ergänzend zu jeder Reimgeschichte, erhalten Sie praktische Vorschläge und Ideen, wie Sie die Geschichte vorbereiten, die Kinder zum Mitmachen animieren und anschließend miteinander ins Gespräch kommen können:

Praktische Tipps

Einfache Kleinigkeiten erleichtern Ihnen die **praktische Durchführung** der Fingerpuppen-Geschichten.

Die Kinder aktiv einbeziehen

Kinder lernen durch **aktives Tun**. Wenn Sie die Jungen und Mädchen aktiv einbeziehen, sind ihre **Begeisterung**, ihre Freude und somit auch ihre **Lernerfolge** wesentlich größer.

So können Sie die Kinder zum Mitmachen anregen:

- Mitsprechen von Reimen oder Reimwörtern am Satzende
- Nachahmen von Tierlauten
- Interaktion mit der Tierpuppe (z. B. rufen, begrüßen, spielen, verstecken)
- Aufforderungen, mit der Tierpuppe in emotionalen Kontakt zu treten (z. B. streicheln, füttern, trösten)
- anschließendes Nachspielen von ausgewählten Geschichteninhalten
- anschließende motorische Umsetzung der Bewegungsart des jeweiligen Tieres (z. B. Hüpfen wie ein Frosch, Watscheln wie ein Pinguin)
- Aussuchen eines Namens für das Tier

Hinweise für die Praxis

Durch Fragen ins Gespräch kommen

Im Anschluss an jede Geschichte stellen Sie den Kindern einfache **Fragen zum Inhalt**, um ein Gespräch zu eröffnen und sie zum Sprechen, Zuhören, Überlegen und Verstehen zu animieren. So können sich die Kinder über den Geschichteninhalt hinaus mit den Tieren auseinandersetzen und an ihren **persönlichen Erfahrungen** mit diesen anknüpfen.

Die Impulsfragen ergeben sich aus dem Inhalt der jeweiligen Geschichte. Es können Wissensfragen oder auch persönliche Fragen an die Kinder sein. Diese sollten **altersgerecht** und möglichst **offen formuliert** werden, damit sie die Kinder zum Sprechen motivieren:

- Was gefällt dir (nicht) an dem Tier?
- Wo lebt das Tier in der Natur?
- Wer hat das Tier im Zoo oder in der Natur bereits beobachtet? Was hat das Tier gemacht?
- Welche Farbe hat das Tier? Welche anderen Farben könnte es haben?
- Wie bewegt sich das Tier fort?
- Welche weiteren Tiere fliegen/schwimmen/hüpfen?
- Was frisst das Tier?
- Was mag das Tier? Was macht es gern?
- Wer hat das Tier als Kuscheltier zu Hause? Welchen Namen hat es?
- Wer hat das Tier als Haustier? Welchen Namen hat es?

Hinweise für die Praxis

Praktische Tipps zur Durchführung

Ein **Koffer** oder ein schön dekorierter **Karton** sind praktische Aufbewahrungsorte für alle Fingerpuppen, Texte und Zusatzmaterialien. Sie haben Wiedererkennungswert für die Kinder. Außerdem können sie geschlossen als Spielfläche genutzt werden und so die Handhabung der Fingerpuppen erleichtern. Der geöffnete Deckel eines Koffers kann als Puppentheater dienen.

Alle Kinder brauchen eine gute Sicht auf das Spielgeschehen. Dazu eignet sich ein **halber Sitzkreis**, ggf. auch zweireihig.

Die Reimgeschichten können auch von **zwei Fachkräften** vorgetragen bzw. gespielt werden. So gibt es eine*n Erzähler*in und eine*n Spieler*in. Das hat den Vorteil, dass eine Person sich auf einen ausdrucksstarken Vortrag des Textes konzentrieren kann, während die andere für das begleitende Spiel zuständig ist.

Einen wesentlichen Beitrag für ein gelingendes Puppenspiel zu einer Reimgeschichte leistet ein abwechslungsreicher **Einsatz der Stimme**. Die Tonlage sollte zum Tier passen: Eine kleine Maus spricht mit hoher, ein großes Nashorn mit tiefer Stimme. Indem Sie die Lautstärke variieren, fördern Sie die Aufmerksamkeit der Kinder. So erhöhen ein geflüsterter Reim oder eine Sprechpause die Spannung. Stimmungen, wie Angst, Aufregung oder Übermut, lassen sich über die Redegeschwindigkeit ausdrücken. Ein sinnvoller Einsatz von Geräuschen und Tierlauten bereitet den Kindern Freude und macht die Geschichte lebendig.

Nun wünsche ich Ihnen und Ihren Kindern viel Vergnügen beim Erzählen der Geschichten und dem Spiel mit den Fingerpuppen!

Ute Schröder